Made in the USA
Columbia, SC
03 December 2023

27664311R00090